「大学時代」自分のために絶対やっておきたいこと

千田琢哉
Takuya Senda

三笠書房

「もう一度、大学時代に戻りたい」

そんな情けない大人にはなるな。

大学時代より楽しい人生を
創るのだ。

もくじ

1章 出逢い 「はじめの一歩」は早ければ早いほどいい

2章 勉強

勉強は、成長の必要条件。やりたいことを「極める」こと

3章 遊び

自分を磨く遊び、自分をダメにする遊び

4章 友情

親友とは、自慢と批判がし合える関係だ

5章 恋愛

恋愛で深く傷ついた経験が、人を光り輝かせる

6章 ピンチ

あらゆる問題に解決策を見つける法

7章 就活

内定を獲得するための「決定打」とは

8章 進路 これが、将来のための「布石」！

9章 別れ
自分を急成長させるために必要なこと

1章

出逢い

「はじめの一歩」は早ければ早いほどいい

将来の大物とは、
毎日すれ違っていることを
忘れない。

1

すべての挨拶を自分からすれば、人生が一変する。

新しい世界に飛び込んだときに

「挨拶ができない」というだけで評価を下げてしまうのは非常に惜しい。

挨拶というのは、相手の年齢・性別・役職などを問わず、気がついたときに自分からすればいい。

自分が先輩だから、後輩が挨拶するまでじっと待っているなど、バカらしいことだ。

もし、会っても挨拶してこない後輩がいたら、自分から挨拶し、先輩から先にさせてしまったことを気づかせてやればいい。

目を合わせてから二秒以上経過すると、もう自然な挨拶にはならない。

挨拶はタイミングが命だ。

挨拶は例外なく自分から発信していく、と決めれば、迷いのない人生が送れる。

2

チャンスは、フライングする人が大好き。

「はじめの一歩」は、早ければ早いほどいい

運を逃すのは、遅刻するからだ。

厳密には時間ギリギリというのは遅刻と同じだ。

締め切りというのは、その時点までにパーフェクトの状態で仕上げてほしいという意味であって、間に合わせれば合格という意味ではない。

遅刻する人の共通点は、いつも取りかかるのが遅いことだ。

取りかかるのが遅いから、間に合わなくなって遅刻するのだ。

チャンスを掴んで次々に夢を実現させていく人は、「はじめの一歩」が猛烈に早い。

人生においてスポーツ以外は、すべてフライングするつもりでいい。

3

両親の誕生日に、心を込めて手紙を書いてみる。

人に気持ちを伝えるのが苦手だというキミへ

愛情の伝え方が下手な人の共通点は、身近な人にきちんと愛を伝えていないことだ。

一番身近な人として両親がいるだろう。

もしご健在なら大人になった証として、一度「父の日」「母の日」「誕生日」などを活用して、きちんと手紙を書いてみることだ。

「今まで手紙なんて書いたことがない」「いったい何を書けばいいの？」と戸惑う必要はない。

「生んでくれてありがとう」のひと言を伝えるだけでいい。

あなたが生まれてきたのは、一人の男と一人の女が出逢い、そして愛し合った結果だ。

4

大学では天才を一人見つけて「思想模写」してみる。

「できる人間になりたい」という熱いキミへ

できる人になるためには、できる人の真似をすることだ。

その代わり、中途半端に過去の言動をなぞるだけではダメだ。

スタートはサル真似でもいいが、次第に「思想模写」に発展させていくことだ。

思想模写というのは、過去の相手の言動ではなく「やりそうなこと」「言いそうなこと」を、先取りしてやってしまうことだ。

つまり、天才の思想を自分の体にインストールしてしまうのだ。

周囲に天才を見つけたら、楽しくて小躍りしたくなるに違いない。

5

アルバイト先では、現場リーダーの考え方で仕事をしてみる。

労働とは時間を売ってお金をもらうものだと考えているキミへ

アルバイトをすると、働いた時間分だけお金が得られる。

しかし、仕事すべてをこのように考えていては、社会に出たときに大きな間違いにつながる。

極端な言い方をすると、まるで奴隷のような人生を送るということだ。

働きがいがある仕事に就き、評価を得ていく自分を目指すのであれば、アルバイト先では常にリーダーの視点で仕事をしてみることだ。

使われる側ではなく、指示を出して人を使う側の考え方を身につけられる。

これは、時給一〇〇〇円や二〇〇〇円の違いではなく、生涯賃金一億円や二億円の違いになる。

6

人とのつき合いは、
最初の別れ際で
すべてが決まる。

「また会いたい！」と思われる人になるには

人との出逢いは大きく分けると二つある。

「一度会ったことがある」というのと「二度会ったことがある」というものだ。

ほとんどの出逢いは一度でおしまいだ。

だから一度会ったことがあるというのでは、本当の意味で出逢ったことにはならない。

本当の出逢いは二度目からだ。

二度会ったことがある人とは三度目以降も会いやすい。

つまりこれからつき合いが始まる可能性が高いということに他ならない。

デートで大切なのも二回目からだ。

二回目の約束ができるか否かは、一回目の別れ際の印象で決まる。

7

忙し過ぎては、
チャンスを掴むことが
できない。

「忙しい」を口癖にしない

今のうちから「忙しい」を口癖にしていると、社会人になって先が思いやられる。

「忙しさ」が気になる人は、忙しくしている自分が好きだということに他ならない。

そして「忙しい」と繰り返す人は、たいてい貧乏だったりする。

一時的に忙しくて稼いでいるように見えても、それはあくまで一時的だ。

忙しさがピークに達した直後、坂道を転げ落ちていく。

反対にゆったりした時間を優雅に生きている人たちは、たいていお金持ちだ。

忙しいとチャンスは通り過ぎていく。

8

歩いている時に、
道を尋ねられる人を目指す。

誘いやすい人になるか、誘いにくい人になるか

魅力的な人は、街を歩いている時にお年寄りや遠方からやってきた人から道を尋ねられることが多い。

すべての人は道を尋ねる時に、相手を選んでいる。

「答えられそうな人」「わかりやすく教えてくれそうな人」「感じがよさそうな人」といった、様々な条件を満たしているか否かを瞬時に判断している。

身なりもそうだし、歩いているときの姿勢や表情だって判断材料にされているのだ。

結果として、声をかけられるような人には、人も集まりやすく、さらにはお金も集まりやすい。

9

大学時代に出遭った
嫌なタイプとは、
社会に出てからも必ず出遭う。

嫌いなタイプの人間から逃げない

人生のあらゆる出逢いは、大学時代に経験することができる。

頭の堅い先輩、厭味《いやみ》な後輩、憧れの異性、人生を変えるような親友……これらの出逢いはすべて大学時代に経験できる。

経験できないのは、あなたが相手にぶつかっていないから気づかないだけだ。

気の合う者同士でいつも群がっているとそうなる。

断言していいが、あなたが学生時代に出遭った嫌なタイプとは、将来必ず一緒に仕事をすることになる。

第一印象だけで判断して逃げ回っていても、人生の最後まで逃げ切ることはできない。

今、目を逸《そ》らした人が、
あなたの運命の人。

2章

勉強

勉強は、成長の必要条件。やりたいことを「極める」こと

勉強にお金をケチらない。
勉強は裏切らないから。

10

この世のすべての勉強は
義務ではなくて、
権利である。

「大学での勉強って何だろう」と思ったら

国民の三大義務の一つに「教育を受けさせる義務」がある。

義務教育というのは、親が子に教育を受けさせる義務であり、子どもが受ける義務ではない。

勉強は義務だと勘違いして、辛いと思っている人がいたら勉強なんてしなくてもいい。

この世のすべての勉強は、どうしてもやりたい人だけができる権利であることを忘れてはいけない。

やりたくもない勉強に人生の時間を費やすなんて、本当にバカバカしいことだ。

嫌々勉強するより、自分のやりたいことを追求するほうがよほど勉強になる。

11

「厳しい」という噂の授業を、
一つでいいから
あえて取ってみる。

簡単に「単位をくれる授業」で時間割を埋め尽くしているなら

学生時代に「鬼仏表」という冊子が学生の間で出回っていた。

「鬼仏」の「鬼」とは文字通り鬼講師による、出欠のチェックやテストが厳しく、なかなか単位をくれない授業だ。

一方、「鬼仏」の「仏」とは仏のように優しい講師による、出欠のチェックやテストが甘くて簡単に単位をくれるような授業のことだ。

ふたを開けてみて驚いたのは、「仏」で時間割を埋め尽くしていた学生ほど留年率が高く、就職もなかなか決まらなかったという事実だ。

「挑戦しない」オーラを発散していたために、社会人たちから敬遠されたのだろう。

12

後から振り返ると、
成長しているのは
いつも独りぼっちの時間だ。

誰かとつながっていないと不安なあなたに

意外かもしれないが、たくさんの人に会えば会うほどに、会う人のレベルは下がっていく。これが人脈の絶対法則だ。

社会人になってからも、年がら年中、人脈交流会に参加している人たちは、時間の経過と共に小粒化していく。

人と会うのは決して悪いことではない。

ただ、連日人と会っていないと不安になるのは、単に一人で何かに打ち込むことから逃げている証拠だ。

どんなにたくさんの人に会ったとしても、一人の時間を確保しなくては成長しない。

一人の時間を確保できなければ、会った時間は無駄になる。

13

英語の勉強を放棄すると、恐るべき時間が生み出せる。

これからは英語ぐらいできなければ、と思っているキミへ

勉強で大切なことは、迷わないことだ。

受験勉強で「本当にこの参考書で受かるのか」と迷って浮気ばかりしていた学生はことごとく失敗している。

今取り組んでいる参考書や勉強のテーマに対して迷いがあると、習得率はガクンと落ちるのだ。

大学生の間でなぜか英語勉強の人気は昔から根強い。

ところが英語力と就職内定率はもちろん、社会人の仕事能力にも何ら関係がない。

「これからの時代は英会話が必須ですよ」と謳《うた》っているのは、企業ではなく英会話教室や資格の専門学校なのだ。

14

自分で買って読んだ本の量と、その人の生涯賃金は比例する。

「読書好き」を自認するあなたへ

学生時代から今まで数多くの読書好きに出逢ってきた。

一つ断言できることは、本をたくさん買う人で貧乏になる人はいないということだ。

お金があるから本を買うのではない。

本を買うから将来お金が集まってくるのだ。

本を買って読んでいるうちにお金が集まってきて、そのお金でまた本を買って読むからますますお金持ちになっていく。

立ち読みで終わらせた場合と、自分で購入した場合では情報の吸収力が段違いだ。

図書館に通うばかりで本を自分で買わないような読書家になってはいけない。

15

「年下の先輩」を
持ったことがあると、
社会に出てから飛び級できる。

浪人や留年がコンプレックスに感じられるとき

高校時代までは年齢順に学年が組まれていたが、大学になると浪人や留年も珍しいことではなくなる。

二年以上浪人した場合には、当然年下でも先輩になってしまう。

ここは一つ、年下の先輩を持つ経験をとことんしておくことだ。

就職した場合にもこれは繰り返されるから、必ずつき合い方の勉強になる。

もちろん、いよいよ我慢ならなくなったら、圧倒的な実力をつけて出世を抜かすか、転職するか、それこそ独立してしまえばいい。

屈辱を真摯《しんし》にとらえておくと、将来必ず飛び級できる瞬間がやってくる。

16

悔しさを
正面から受け止めた人間が、
将来大物になる。

顔から火が出るほどの思いをしたら

将来必ず大物になる人の共通点がある。

それは称賛を正面から受けることではない。

屈辱を正面から受けることだ。それができた人だけが唯一、将来大人物になることができるのだ。

自分は気が小さいと思っている人も大丈夫だ。

批判を浴びた際に、逃げないだけでいいのだから。

批判を浴びた際に、意外にもろいのが今まで強そうにふるまっていた自称エリートたちだ。

自称エリートたちは、称賛を浴びるのは大好きだが、批判の臭いを察知すると一目散に逃げ去っていく。

批判から逃げ回ると、最後に待っているのは地獄しかない。

17

「我慢してやる勉強」を
卒業することが、
大人の勉強のスタート。

大学で学ぶ目的がわからなくなったら

子どもの頃の勉強は先生から強制されたものを、ひたすら黙々とこなすことだった。

この延長線上で勉強をとらえていると、すべての勉強が辛いものになってくる。

人がなぜ勉強をするかというと、勉強することは楽しいことであり、幸せになれるからだ。

にもかかわらず、勉強とは眠くても我慢することであって、辛くなければ勉強ではないと思い込んでいる人は多い。

子どもの頃に受けた洗脳から解き放たれるべきだ。

取り組んだ瞬間に目が覚めてワクワク楽しくなってくるもの以外、即刻やめることだ。

18

好奇心とは、
あちこち浮気するのではなく、
惚れた一つを掘り下げること。

「趣味は？」と聞かれて困ってしまうキミへ

多趣味で器用な人に、豊かな人はいない。

多趣味な人をよく観察していると、「多趣味で多才ですね」と褒められるためにがんばっているに過ぎないことがわかる。

多趣味な人は自分の人生ではなくて、他人のための人生を歩んでいるのだ。

なまじっか器用な分、あれやこれやに手をつけて、すべてセミプロ級で人生を終えていく。

セミプロは技術が中途半端なくせにプライドが高い分、ド素人よりも質《たち》が悪い。

幸せを掴むための真の好奇心とは、あれこれ浮気するのではなくて、たった一つをとことん愛し続けることだ。

19

祖父母がご存命なら、
一度じっくり
若い頃の話を聞いてみる。

家族をよく知ることは、自分をもっと知ること

自分の限界を感じたら、遺伝子を確認することだ。

遺伝子の確認の仕方の一つとして、自分の祖父母に直接話を聞いてみる方法がある。

祖父母が若い頃はどんな人だったのか、何が上手くいって何が上手くいかなかったのか。成功体験や失敗体験をできるだけたくさん聞いておくことだ。

必ず将来役立つ時がくる。

なぜなら遺伝子の影響は年齢を重ねれば重ねるほど絶大になるからだ。

ダメなのは遺伝子の力に頼りきって、磨くことを怠ることだ。

先祖からもらった遺伝子は自分の代で高めて子孫に残していくのだ。

20

将来早くお金持ちに
なりたかったら、
世の中のタブーを学んでおく。

お金持ちになるための勉強が知りたいキミへ

お金持ちになりたい人は多い。

そのためにはまず、お金は何についてくるのかを知らなければならない。

答えは、人間だ。

では、人間の何を満たせば、お金がやってくるのか。

それは、人間の快楽である。

「現状よりも楽になりたい」「現状よりも褒められたい」「現状よりも気持ちよくなりたい」という強烈な欲望にお金はドッと集まってくる。

強烈な欲望はたいてい世の中ではタブーになっている。

タブーとは何か。タブーとは人々が大好きで仕方がないけれど、口に出して言えないものだ。

この世に
「やらなくてはならない」
勉強などない。

「ついつい」
やってしまうのが
大人の勉強なのだ。

「ついつい」
やってしまうのは、
すでにやっている。

3章

遊び　自分を磨く遊び、自分をダメにする遊び

あなたの究極の遊びと
あなたの究極の勉強は
同じ。

21

人生の早いうちに
年収一〇〇〇万を超える人は、
大学時代何かに
道楽し尽くした人。

若くして稼げる人は、大学時代に何をしていたか

サラリーマンとして年収一〇〇〇万の大台は一つの夢だろう。

それも定年間近になってからではなく、できれば人生の早いうちに達成したい。

サラリーマンの平均年収が四〇〇万ちょいになって久しいが、年収四〇〇万と一〇〇〇万では何が違うかというと可処分所得が決定的に違う。

住む場所はもちろんのこと、口にするものから身につけるものまで、すべてが違ってくる。

この差は人生のある時期に、何かにとことんのめり込んだ経験があるか否かだ。

大学時代に道楽したものが、あなたの天職になる。

22

カラオケで誘われるのは、
他人が歌っている時に
ちゃんと聞ける人。

「また一緒に遊びたくなる人」の共通点は？

一回目はいつも声をかけてもらえるのに、二回目になると声がかからない人がいる。

もちろんあなたが露骨に「二度と誘わないでほしい」と思っているのなら、それでもいいが、「誘ってほしいのに誘ってもらえない」場合は深刻だ。

原因は他人にあるのではなくて一〇〇％自分にある。

一緒に何かを楽しむ場合には、自分が楽しむ時間と同じくらい相手が楽しんでいる時間を尊重することだ。

仲間とカフェで話す際には、相手より話してはならない。

カラオケで他の人が歌っている際には、携帯をいじってはいけない。

23

中途半端な
海外旅行をするなら、
四七都道府県
すべて制覇してみる。

「学生時代に海外を経験しておかなきゃ」と焦っているキミへ

学生時代くらいしか海外に行けないからと、必死でお金を貯めている人がいる。

本気で海外に行きたければ、社会人になってからいくらでも行くことができる。

いざとなったら、海外で勤務せざるを得ない仕事に就いてしまえばいい。

私自身の話では、海外旅行よりもむしろ学生時代に四七都道府県すべてに足を運んでおいた経験が先の人生に活きた。

今でも四七都道府県すべての記憶が鮮明に蘇ってくるから、人と会っても話題に困らない。

狙っていたわけではないが、コンサルティング会社時代は、ほぼ毎年海外で研修だった。

24

アルコール抜きで
どれだけ話せるかが、
あなたの
コミュニケーション能力。

飲み会に参加することが、友情を深めることだと信じているキミへ

アルコールが入ればコミュニケーションが深まるかというとそうではない。

居酒屋で交わされているサラリーマンたちの大言壮語が実現されたことはない。

社会人になってからも連日飲み会に連れ立っている仲良しチームというのは、単に酒好き軍団というだけで、仕事のできるチームではない。

真のコミュニケーションは、アルコール抜きの状態で交わされたものだけだ。

欧米のエリートたちは、夜に仲間と居酒屋で群がって愚痴ることはない。

コミュニケーションは、パワーブレックファストかパワーランチで取るものなのだ。

25

飲み会の誘いを
三回に一回断ったお金で、
一流ホテルのコーヒーを
飲んでみる。

たまにはリッチな気分を味わいたいときには

ぜひ若いときに、地元ナンバーワンの一流ホテルでアフタヌーンティーセットを楽しんでほしい。

気乗りしない飲み会一回分の費用で、一流のおもてなしと食材を楽しむことができる。

そのお金がもったいないなら、コーヒーだけでもいい。

一五〇〇円で上質のソファーにゆったり座ってお代わりし放題。

時間帯によっては、ピアノの生演奏も楽しむことができる。

今までただ何となく安居酒屋で使っていたのとあまり変わらないお金に、こんな使い道があったのかと驚かされるはずだ。

一〇回も足を運ぶうちに、多くのことに気づかされる。

26

学食で一人でも
毅然とした人でいる。

「一人」でいることが過剰に気になるあなたへ

学生時代は、とにかく群がっていないと不安で仕方がない。

だからランチを食べる仲間がいないという孤独に、耐えられない人は多い。

群がっていないと不安で仕方がないのは、単純に弱いからだ。

弱い動物がいつも群がって身を寄せ合いながら固まっているように、弱い人間は何も用事がなくてもいつも群がっている。

学生でもとびきりカッコいい人は、一人で食事をしていても寂しそうに見えない。

信頼できる親友やちゃんとした恋人がいて、心が満たされている結果なのだ。

27

二〇〇〇円のシャツ
一〇枚より、
二万円のシャツ
一枚のほうが得るものは多い。

キラリと光る「センス」を磨くために

お洒落な人は、所有している服や靴が驚くほど少ない。

そもそも、お洒落な人の部屋には物が少ないのをご存じだろうか。

成金やお金持ちに見せたい人の共通点は、所有している服や靴が多いことである。

加えて部屋も物で溢《あふ》れ返ってゴタゴタになっている。

お洒落な人は、一年間袖を通さなかった服は例外なく捨てているのだ。

所有しているのはすべて大好きな服や靴だけだから物が少ない。

どうせ同じ予算なら二〇〇〇円のシャツ一〇枚より、大好きな二万円のシャツを一枚買う。

こうした積み重ねが「お、やるな」と思わせていくのだ。

28

高校時代の話で
いつまでも盛り上がる人は、
将来成功しない。

過去の美しい思い出よりも、熱い未来の話

大学入学直後ならまだしも、二年生や三年生にもなって高校時代の武勇伝を酒の肴《さかな》にしていたら未来は暗い。

たとえあなたではなくて、友人がそうであったとしても、である。

過去の栄光で盛り上がっている仲間がいるということは、その仲間全体が過去に生きるグループということに他ならない。

グループには二通り存在する。

成功していくグループと落ちぶれていくグループだ。

成功していくグループは常に未来の話で盛り上がり、落ちぶれていくグループは常に過去の話で盛り上がる。

29

待ち合わせで
遅刻の常習犯は、
リストラ候補まっしぐら。

学生仲間だから許されること

学生時代に遅刻の常習犯だった人は、社会人になってからことごとく落ちぶれている。

どうやら遅刻は学生時代に克服しておかなければ、生涯治らない病気のようだ。

五分遅刻の常習犯は体内時計がいつも五分遅れているから、いつもピッタリ五分遅刻するのだ。

遅刻の原因は出発前に余計なことに気を取られてしまう弱い心があるからだ。

約束した時間を守ること以上に大切なことは、この世の中に存在しない。

仮に何も準備できていなくても、時間に間に合うことが最優先だ。

30

組織のトップには、
お酒の飲めない人が
意外と多い。

お酒に弱いことを気にしているキミへ

「お酒が飲めなくては仕事なんてできない」というのは、すでに昭和時代に終わった。

これはゴルフも同じだ。

いくら酒豪になってもゴルフの腕がセミプロ級になっても、ダメな人はやっぱりダメだという時代になってしまった。

いくつもの不況を乗り越えて、本当の実力を見極めようとする社会へと進歩したのだ。

酒もゴルフもまったくやったことがない成功者なんて、それこそゴロゴロいる。

意外にもプロレスラーや、やくざの親分には下戸《げこ》が多い。

酒の力に頼らずに、素の実力を蓄えていくことだ。

「遊び」と
「仕事」の一体化が、
人生の醍醐味。

4章

友情

親友とは、自慢と批判がし合える関係だ

友だちは
つくるものではなく、
できてしまうもの。

31

入学当初つるんでいた仲間に、
いつまでも
こだわる必要はない。

「自分を変えるチャンス」を探しているあなたへ

人生の選択肢は常に二つだ。

人の顔色をうかがいながら一生を終えるか、惰性《だせい》のつき合いから抜け出して次のステージで新しい出逢いを求めるかだ。

九九％の人たちは前者を選んで他人のための人生を歩んでいる。

一％の人だけが後者を選んで自分の人生を歩んでいる。

他人の成功のためにこき使われながら生きる「奴隷の人生」を歩みたいか、自分の好きなことを極めるために自由に生きる「王様の人生」を歩みたいか。

何かを手に入れたいなら、しがみついているその手を離すことだ。

32

第一印象の悪い者同士が、
未来の親友になる。

一生モノの友情は、意外なところから生まれる

振り返ってみるに、親友と呼べる相手との出逢いは、たいてい印象が悪かったことが多い。

第一印象で「コイツとは友人になれそうにないな」と思っていた相手と、ひょんなきっかけで話す機会があり仲良くなったというパターンだ。

親友に限らず、第一印象の悪い相手には、話しかけてみる価値はある。最初の期待値が低いだけに、話してみたら意外にいい人だったということが多い。

第一印象の悪い人というのは、たいてい不器用で正直な人が多い。その中に運命の出逢いが隠れているかもしれないのだ。

33

一匹狼のクラスメイトに、
話しかけてみる。

「群がらない人」の中に大物がいる

生涯の友になる可能性が高いのは、どこのグループにも属していないような人だ。

別に協調性がないわけではないが、いつも颯爽《さっそう》と一人で歩いているような人。

そういう人は、自分ひとりで何か一つのことに打ち込んでいる。

コツコツ継続してがんばっている人は群がらない。

常にグループ行動している人たちから、将来の大物が生まれることはないが、孤独に何かに打ち込んでいる人が大物になる可能性は高い。

一度自分から声をかけてみると、人生を変える出逢いに発展するかもしれない。

34

友情の大切さは、
いつも終わってからしか
わからない。
だから今を大切にする。

「いつから仲良くなったのかわからない」という友人がいるキミへ

友情も恋愛も面白いのは、関係が終わる瞬間はよくわかるのに、始まりは実にあやふやだということだ。

「はい、今から友情（恋愛）の始まりですよ」という明確な線引きがない。

「ああ、そういえばあれが始まりだったな」とわかるのは、いつも関係が終わってからだ。

このくらい人間というのは感謝の記憶力が弱い。

あれだけ出逢いをほしがっていたのに、始まりを思い出せるのはいつも終わってから。

そんな後悔をしなくてもいいように、目の前の〝今〟を大切にしよう。

35

友人はあなたの失敗によって
失うのではなく、
成功によって失いやすい。

「見かけの友人」か「本当の友人」か

忘れてはいけないのは、人間はみんな孤独だということだ。

それを思い知らされるのが、死に際だ。

死に際は、どんなにがんばっても一人でしか死ぬことはできない。

一人であることが怖くて仕方がないから、必死で群がるのだ。

成功すると新しいステージで数少ない成功者たちと出逢うが、あなたのレベルに相応しくない者たちはバツが悪そうにそそくさと去って行く。

「成功すると人が群がってくる」というのは、単に見かけのファンが増えるだけのことだ。

36

親友に早く出逢いたかったら、
出逢った人には
最初から本音を言う。

まっすぐな言葉が、ぶれない人間関係をつくる

最初から本音を口にすると、いいことが二つある。

一つは偽物の友だちとつき合う時間が大幅に短縮されること。

もう一つは親友と出逢うまでの時間が大幅に短縮されること。

これは、社会人になってからもまったく同じだ。

たいていは嫌われるのが怖いから、相手のためではなく自己防衛のために社交辞令を連発する。

社交辞令を連発しているうちに、何が自分の本音かわからなくなってきて「果たして自分のやりたかったことは何だったのだろう……」と疑問に思いながら人生が過ぎていく。

37

親友というのは、
成功した時にきちんと
拍手してくれる人間のこと。

友だちのとてもうれしそうな顔を見たとき

人生で何が難しいかというと、身近な人が成功したことに対して拍手を送ることだ。

テレビや新聞に顔を出しているような有名人の成功に対しては、比較的拍手を送りやすい。

圧倒的にレベルが違う人に対して、人は嫉妬しないからだ。

ところが身近な人となると、こうはいかない。

嫉妬心が芽生えてきてどうも落ち着かない。

ここで身近な人の成功に、大きな拍手を送ることができる人が次の成功者だ。

拍手を送るためには、自分もコツコツ準備をして力をつけていなければならないから。

38

親友というのは、
遠慮なく
自慢と批判がし合える関係だ。

人の「自慢話」が鼻につくとき

親友かその他大勢の関係かの違いは、あなたが相手の自慢と批判に対してちゃんと耳を傾けることができるか否かだ。

相手の自慢話が苦痛だと感じたら、それは相手のことが好きではないということだ。

相手のあなたに対する批判を素直に聞き入れることができないのは、相手のことを尊敬していないということだ。

成功者たちの会話は、大いに自慢し合って大いに批判し合っていつも堂々としている。

互いに愛情と敬意が溢れているからだ。

多くの人たちは、互いの自慢と批判から逃げ続けている。

39

大学時代を通して、
親友が一人もできなかった
としても大丈夫。

「社会人になると親友はできない」は本当か

一つ大切なことを知っておきたい。

親友というのは、がんばってつくるものではなくて、気がついたらできてしまっているものだ。

一生懸命媚《こ》びながら群れに迎合しようとすればするほど、親友はできない。

それより、一人で何かに打ち込んでいる過程で、振り返ったら傍《そば》にいるのが親友だ。

親友ができる条件は、お互い群がっていないことだ。

将来世に出る人の共通点は、名もなく貧しかった頃に孤独に自分を磨いていたこと。一人で何かに打ち込んだ人は、学生時代を超えて必ず運命の出逢いが待っている。

40

同級生より
二年以上遅れている人が、
将来最短コースを
歩むことになる。

浪人も留年も、意味ある「遠回り」にする

社会人になって痛感する事実にこんなことがある。

学生時代までは最短コースを歩み続けるのがエリートの証だったが、社会では真剣に遠回りしてきたことがエリートの証明になる。

同級生より数年遅れたとしても、社会という舞台では単なる誤差でしかない。

どれだけ早く自分の天職に辿《たど》り着けたかが勝負だ。

天職にいち早く辿り着くには、人より時間をかけて自分の道を考えた経験や苦労が必要条件になる。

41

割り勘の端数を払う癖をつけておくと、将来出世できる。

「人望がある人」と「ない人」のちょっとした境目

支払いの際はいつも割り勘にしないと気が済まない人がいる。

レジで後ろに他のお客さんが並んでいるのに、平気でモタモタ割り勘合戦をする人。

この人は、永遠に豊かになることができない。

割り勘の端数を気にするなら、あなたが端数分をすべて支払ってあげることだ。

あなたが割り勘で支払った端数は、将来そのまま人望の差となり、あなたはその他大勢から抜け出すことができる。

「あの人といるといつも事がスムーズに運ぶ」と言われる人は、たとえばこんな日常の些細《ささい》なことの蓄積の差なのだ。

42

一人が怖いからといって、
何となく群がって
四年間を過ごさない。

隣にいてくれる誰かをいつも探しているキミへ

孤独を知らない人に、友情の重みはわからない。

友情の重みを知らずにただ何となく群がってだらだら生きていると、四年間はあっという間に過ぎ去っていく。

ただ何となく群がっていた四年間よりは、とことん孤独と向き合った四年間のほうが価値はある。

一緒にいる見かけの時間の長さと友情の深さは比例しないのが、友情の深いところだ。

学内でとびきり輝いている人を観察してみるといい。

たいていは一人で歩いている。

たまに二人で歩いていると思ったら素敵な異性と歩いている。

「自分」と親友になれた人が、
間もなく親友と出逢える。

5章

恋　愛

恋愛で深く傷ついた経験が、人を光り輝かせる

会っていない時間に
考えてしまう人が、
あなたの本命。

43

「相手が自分を好きか」より、
「自分が相手を好きか」が大事。

相手の気持ちがどうしても気になるキミへ

好きになってくれるのを待っていては、あっという間に素敵な人は誰かが持ち去ってしまう。

恋愛で一番不利なのは、モタモタしている人だ。

行動に移せない人は、これからの人生で永遠にモテることはない。

素敵な人は常に先約ありで順番待ち状態なのに、手をこまぬいていては最初からお話にならないのだ。

これは恋愛に限らない。

アクションが遅い人は目の前のチャンスをどんどん逃し続けていくので、ますます成功は遠のいていってしまう。

44

本気でモテたかったら、
今いるグループから
飛び出してみる。

もっとモテる経験をしてみたいなら

モテない人の共通点は、モテない人同士でいつも群がっていることだ。

百歩譲ってモテる人同士が群がっているのならまだいいが、モテない人同士で群がっているのには目も当てられない。

二週間もすれば今属しているグループがどんなグループなのかは判別できるはずだ。

難しいことは何もない。

グループ内の隣にいる人がいかにもモテなさそうだったら、あなた自身も、そっくりそのままモテなさそうだということだ。

45

「好きだ」と思っていることと、
「好きだ」と伝えることは
まったく違う。

「愛している」なんてとても言えないというキミへ

相手のことを好きだと思っていることと、好きだということを相手に伝えるのとでは雲泥の差があることに早く気づくべきだ。

思っているだけで相手に伝えないことは、この世に何も存在しないのと同じだ。

相手に伝わったことだけがこの世のすべてであって、自分の頭で考えたことは単なる自己満足に過ぎない。

思っているだけで何も形にできない人と、思ったことをきちんと伝えることができる人とでは人生の充実度がまるで違ってくる。

恋愛も仕事もまったく同じだ。

46

嫌いなのに目で追ってしまう
自分がいたら、
それが恋の始まり。

身近にいる恋の対象に気づかないとき

顔を合わせるたびに喧嘩する。

離れていても気になって仕方がない。

大嫌いなのについつい目が合ってしまいそうになる。

それは恋の始まりだ。

「大好き」と「大嫌い」の根っこはまったく同じ。

どうでもいい人とは明確に違って、強烈に関心を寄せていないと大嫌いになんてなれない。

大嫌いであるためには、猛烈なエネルギーを必要とする。

反対に「せっかく長い間つき合ってきたのだから」「どうせ別れてもこの先、出逢いがないし」と好きになるためにがんばり始めたら、それが恋の終わりだ。

47

モテる人を
嫉妬するのではなく、
モテる人からとことん学ぶ。

モテる人を見ると難癖の一つでもつけたくなったら

大学に入ってモテるようになる人とそのままモテない人生で終わっていく人の違いは何か。

モテる人を見てそこから学べる人は必ずモテるようになる。

モテる人を見て「チャラチャラしている」とバカにする人は、生涯モテない人生で終わる。

売れる商品と売れない商品には違いがあるように、モテる人とモテない人にも必ず違いがある。

最初は服装や髪形などの外見から入るのもいいが、最終的には会話や心配りなど内面まで学べるようになると強い。

モテる人には、敬意を払おう。

48

「いい男（女）がいない」と言う人は、理想の相手が現れても相手にされない。

自分の周囲にはいい相手がいないと嘆いているキミへ

モテないグループの口癖に「かわいい子がいないよな」「いい男がいないよね」というものがある。

その人たちをじっくり観察してみるとすぐにわかることがある。

本当に「かわいい子」「いい男」が目の前に現れたとしても、まったく相手にされないだろうなということだ。

単に自分の魅力のなさを棚に上げてモテない者同士で強がっているに過ぎない。

だからより一層モテなくなっていく。

そうやってモテない同士が群がって愚痴を言い続けることが、その人たちにとっての悲しい幸せなのだ。

49

好きな人と目が合ったら、
もう二秒だけ
目を逸《そ》らすのを我慢する。

「相手の記憶に残る人」になるには

女性にとっておきのプレゼントがある。

好きな男性が目の前に登場したら次の二つを試してみることだ。

一つは逃げずにきちんと目を合わせること。

もう一つは二秒間だけ我慢して合わせたその目を逸らさないこと。

何度かこれを繰り返すだけで、相手と急接近できる可能性が飛躍的に高まる。

男性は女性から好きだというメッセージを送られると、それだけでその女性のことが気になってしまうという特性がある。

もちろん男性が女性に行なってもこれは有効だ。

相手の記憶に残らないことには、最初からお話にならない。

50

フラれる経験をして初めて、
愛することの
本当の意味がわかる。

フラれてしまったことを引きずっているなら

フラれた経験のない人で素敵な人は一人もいない。

恋愛でも仕事でも人生という舞台で今まさに光り輝いている人は、例外なく過去にフラれた経験のある人だ。

人はフラれないと愛することの本当の意味が理解できない。

愛することも愛されることも当たり前のことではなく、ありがたいことだと感謝できる。

人は、無数に傷つかないとダイヤモンドのように光り輝けないようになっている。

光を描く天才画家、ヨハネス・フェルメールの絵のように、影があるから光が映える。

フラれることも恋愛の一部なのだ。

51

何となく好きな人と
つき合うのに慣れると、
何となく人生が終わっていく。

このままつき合っていていいのかという正直なキミへ

「何となく」というのは、傷つかなくていいから実に居心地がいい。

そんな居心地のいい人生を選択していくのも本人の自由だ。

絶対の正解など、この世に存在しない。

ところが、人生のどこかで一度は「何か違うんじゃないか」という疑問を持つようになる。

疑問を持つうちは、まだ見込みがある証拠だ。

次第にオヤジやオバサンになっていくと、疑問すら持てなくなってしまうからだ。「所詮、人生なんてこんなもんよ」と知ったふうなことを口にして、そのまま「所詮」という顔で人生を終えていく。

52

ルックスだけで
モテてしまったら、
三〇代以降の人生が悲惨。

「モテ」の基準が変わるとき

一〇代や二〇代は容姿によってモテるモテないが決まる側面が強いのは認める。

ところが容姿というのは三〇代に入ると、どんどん崩れてくる。

自然の摂理には誰も逆らうことができない。

白髪染めやファッションでいくらごまかそうとしても、若いと思っているのは本人だけで、年齢は一瞬でわかる。

三〇代以降になると内面がそのまま容姿に顕《あらわ》れてくる。

知的な人はオーラが漂ってきて、無教養な人はどこか頼りない雰囲気が醸し出される。

三〇代以降にモテなければ本当にモテたことにならない。

53

つき合った人数ではなく、
どれだけ一人を
愛したかを誇る。

経験が増えても、本命に出逢っていないと感じるキミへ

たくさんの異性とつき合った人というのは、第二志望から第百志望を渡り歩いてきただけの人だ。

恥じることはあっても誇ることは何もない。

人生において第一志望の美酒を味わわない限り、永遠に本当の満足感は得られないのだ。

第一志望の本命とつき合っている人は、第二志望から第百志望には見向きもしない。

いつも満たされているから、そもそも浮気する必要がないからだ。

満たされている男女は、たった一人の相手を愛していることを誇りにしている。

54

第二志望の相手をゲットしても、
得られるものは少ない。

ただ何となくつき合っているような気がするとき

毎日どこか満たされないということは、人生の第二志望以下とつき合っている証拠だ。

合コンでも本命ではなく、「可能性が高そう」な相手で満足したふりをする。

こうした人生に慣れてしまうと、社会人になってからも第一志望に挑戦することから逃げ続ける。

第一志望をゲットできた時の幸せは、第二志望をゲットできた時の幸せの一億倍違う。

第一志望を逃した時の哀しさと悔しさも、第二志望を逃した時の哀しさと悔しさの一億倍違う。

第二志望と第百志望の差など、あってなきが如し。

55

恋に落ちてから、
人生の始まりだ。

もっと早くに出逢いたかったと後悔しているキミへ

大学卒業間近に運命の恋に落ちることがある。

しかも卒業後にはお互いが遠距離恋愛になってしまったりする。

恋はタイミングを選んではくれない。

いつもしてはいけない時に落ちるのが恋なのだ。

お互いに「どうしてもっと早くに出逢わなかったのだろう」と後悔する。

解決方法なんて簡単だ。

今まで二人が出逢っていなかった分のキスを今日からすればいいだけの話だ。

人生というのは何年生きたかが問題ではなく、本当の恋に落ちてからがその人の寿命なのだ。

二二歳で恋に落ちた人は、二二歳からが人生の始まりだ。

56

何も話していないのに、
二人とも幸せそうに
しているのが本当の恋。

恋人とたくさん話しているのに、どこか不安なら

カフェで見かけたカップルでお互いが機関銃のようにペラペラしゃべっているとしたら、まだつき合って間もない証拠なのだ。

ひょっとしたら二人の先は長くないかもしれない。

それに対し、お互い何も話していないのに、ニコニコ笑っていてとても幸せそうなカップルがいたらその二人は本当に愛し合っている。

本当の恋というのは、とことんお互いのことをわかり合っているので、人前での会話が減る。

人前でイチャイチャしたくなるのは、お互いに本当に愛されている自信のないカップルだ。

好きになるのに理由はいらない。
ただ素直になるだけ。

6章

ピンチ　あらゆる問題に解決策を見つける法

どんなピンチも、
10年後には
笑い話になっている。

57

ピンチには、必ずそれを
乗り越えるための言葉に
出逢うことができる。

感性のアンテナが敏感になるとき

失敗続きでピンチに陥ると、いいことが一つある。
それはピンチを乗り越えるための「運命の言葉」を獲得できることだ。
運命の言葉というのは、本を通してか人を通して与えられる。
ピンチの時には、普段なら見過ごしてしまいそうな言葉を見逃さない。
それだけ自分が敏感になっているからに他ならない。
こうしてみると、人生には二通りの時期しかないことに気づかされるのだ。
ピンチとピンチでない時期ではない。
いい言葉に出逢える時期と出逢えない時期の二通りだ。

58

一度でも
命の危機を感じた人が、
時間の価値に
気づくことができる。

時は、その人の命の一部である

遅刻の罪の重さに気づくには、人の命は有限であることにまず気づくことだ。

たとえば私は大学三年生の頃、打ち込んでいたスポーツでオーバートレーニングになり、心臓肥大で検査入院したことがある。

それまで入院したことなどなかったから初体験だったが、足の付け根から心臓カテーテルを突っ込まれて心拍数を二〇〇に上昇させられる、実験のような検査をされた。

この時気づかされたのは「人は簡単に死ぬんだな」という事実だ。

結局二週間で退院したが、その日を境に遅刻には滅法うるさくなった。

時間は命そのものなのだ。

59

ピンチの記録更新を
何回経験したかが、
その人の大学時代の価値。

社会に出る前につけておく「免疫力」

大学時代にできるだけやっておいたほうがいいことは、自分のピンチの「限界」をできるだけ上げておくことだ。

学生時代のピンチの経験など、社会に出てから通用しないと言う人もいる。

それでも感受性の強い大学時代には積極的にピンチに挑戦すべきだ。

「ぼったくりバーで死にそうな目に遭った」「緊急入院して命の大切さを思い知った」というのは、すべて学生時代だからこそ、より一層重みが増すのだ。

ちなみに、今まで数多く出逢った成功者たちには、闘病・貧乏・倒産を経験された人たちが多かった。

60

土壇場で、ピンチの顔をしていない人が大物になる。

小さなことでクヨクヨ悩みたくなかったら

ちょっとしたことでクヨクヨ悩みがちな人は、意外に鈍感なので要注意だ。

自分は繊細だと思っている人ほど、実はふてぶてしかったりする。

一方、ピンチなのにピンチの顔をしていない人には二通りいる。

本当のバカか、やせ我慢しているかのいずれかだ。

本当のバカで事の重大さに気づかない人は、それはそれで立派なものだが、いずれダメになるから相手にしなくていい。

あえてじっとやせ我慢している人は、ピンチの時には冷静でいなければならない重要性を知っている。

61

ピンチは、
騒ぐと二倍に膨れ上がる。

あなたがパニックに陥りそうなとき

ピンチに出遭った際に、周囲を巻き込んでしまう人は、とにかく騒ぐ人だ。

「さげまん」と呼ばれる女性にはこのタイプが多い。

「さげまん」の特徴は大きく分けて二つ存在する。

一つは、犯人探しが大好きなこと。

もう一つは犯人を必要以上に責め立てて周囲をウンザリさせること。

「さげまん」に感染している人は、女性だけでなく男性も同じだ。

「さげまん」は、大学時代にすでに決定している。

犯人探しをして騒ぐと、間もなく別の不幸が二倍になってやってくる。

不幸を招きたくなかったら、とにかくピンチで騒がないことだ。

62

紙に書くだけで、
ピンチは半分解決している。

今ある問題の解決策を考え出すために

ピンチでパニックになりそうなら、気分を落ち着けるためにいい方法がある。

今自分は何でピンチなのかを紙に書き出してみることだ。

これは社会人になってもおすすめだ。

自分は一〇個も二〇個も超難問を抱えて、世界中の不幸を背負っている錯覚に陥っている場合には特に有効だ。

紙に書き出してみると、多くとも三つくらいの問題で悩んでいるに過ぎないことに気づかされる。

その紙を見て落ち着いたら優先順位をつけて、まずは最優先事項だけに集中すればいい。

それだけで半分解決したようなものだ。

63

ピンチを乗り越えた数と、その人の生涯賃金は比例する。

起伏のない学生時代に飽きたキミへ

成功者たちの学生時代に興味を持ってインタビューしてみたところ、どの人も学生時代に大きな失敗をやらかして数々のピンチを乗り越えている。

学生時代から起業して失敗したり、世界中旅して回っている間に大学を除籍になったり、失恋でどん底に落ちたりと様々だ。

学生時代にピンチから逃げ続けている人と、ピンチを乗り越え続けた人とでは生涯賃金に明確な差が出ていることは認めざるを得ない。

ピンチは逃げずに立ち向かえば、たいていい想像していたよりは軽く乗り越えられる。

二回目以降は楽なのだ。

64

ピンチを乗り越えた数と、
就活や恋愛での
モテ度は比例する。

相手の心に直接アピールする魅力とは

就職の面接の際に、同性から見ても「この学生は魅力的だな」という人は、決まってピンチを乗り越えてきた数が決定的に違う。

組織のリーダーを務めてきた学生がどうして魅力的に映ることが多いかというと、様々な人間関係においてピンチを乗り越えてきたからだ。

就活シーズンになると、にわかサークルが急増して、そこら中でにわかリーダーが続出することもあるが、それは一瞬でばれる。

学生時代から人間関係でとことん悩み抜いてきた人の表情には、共通の迫力がある。

そして、人の痛みがわかるから誰からもモテる。

65

ピンチを一度も
経験したことのない人生が、
最もピンチ。

リスクを背負うのは、できれば避けたいというキミへ

できればリスクなんて背負いたくないのは誰もが同じだ。

リスクがなくてすべてスムーズに成功し続けることができたら、そんな楽な人生はない。

ところが、リスクのない人生は一つもない。

サラリーマンになっても、公務員になっても、留学しても、起業しても、専業主婦になっても、ニートになっても、フリーターになっても、すべてにおいてリスクはついて回る。

リスクを避け続けることが最高のリスクであるように、ピンチを避け続ける人生は最高のピンチだということに気づきたい。

66

ピンチになったら、
「将来本に書くネタが
また一つ増えた」と考える。

ピンチを乗り切る元気を出したいとき

コメディアンが自分の不幸もネタにできるのと同じように、作家も自分に起こったピンチをネタにできる。

コメディアンにとっても作家にとっても不幸やピンチは、一〇〇％喜ぶべきことなのだ。

私は学生時代に、ある作家の本を読んでこの事実を知った時、すべてのピンチがチャンスに思えた。

将来自分が本を出す人間になったら、これから降りかかってくるピンチすべてが本のネタになるじゃないかと勇気をもらった。

実際には社会人になってからもこの考え方をずっと持ち続けた。

そして今現実となった。

ピンチがやってきたら、
姿勢を正してお迎えしよう。

7章

就活　内定を獲得するための「決定打」とは

就活は「義務」ではなく「権利」であることを知っておく。

67

アルバイト先では、
「うちの社員にならないか」と
スカウトされるのを
目標にする。

バイト経験を「就活の武器」にするには

あなたの大事な時間を、ちょっとしたお金に変えるためだけにアルバイトをしていては、あまりにもったいない。

なぜなら時間というのは、あなたの命の断片だからだ。

どうせ命を削るのであれば、そこからより多くを学んで持ち帰るべきだ。

一番のおすすめは、職場で人間観察力を磨くことだ。

アルバイト先の上司やお客様からお金をもらおうとする以上に、考え方を先取りしようと努めることだ。

最終的には「うちの社員にならないか」と声をかけられたら合格だ。

68

家庭教師では、
生徒に教えながらも、
自分が教わっていると気づく。

就活にもプラスになる「家庭教師の役得」

大学生で時給が高くて人気のアルバイトに家庭教師がある。

家庭教師というのは生徒に勉強を教えながらも、各家庭にお邪魔してこちらが学習させてもらうことができるというメリットがある。

たとえば、就活の面接官と同世代の生徒の親たちと会話できるのは、何よりもいい経験であり、特権だ。

子を想う親の気持ちにも触れることができるし、社会人相手にビジネス上のつき合いをしていると考えると身が引き締まる思いがする。

69

OB・OG訪問の後は、
二四時間以内に
メールかハガキを送る。

大学の先輩社会人に時間をつくってもらったら

せっかく学部や部活の先輩に就活がらみで面談してもらっても、いつも次のステップに進めない人がいる。

先輩だって会社組織ではまだ若手のぺーぺーだ。

ダメ学生を上司に推したのでは自分の評価に即影響してしまう。そのことを理解しないと就活で勝ち残ることなどできるわけがない。

ダメ学生と思われたくないなら、忙しい中面談してもらった感謝を込めて最低限その日のうちに礼状を投函しておくべきだ。

メールなら先輩と別れた直後に送って、先輩が会社に戻ったらパソコンに届いているようにする。

これだけでもポイントアップだ。

70

目上の人から
いくつかスケジュールを
提示されたら、
一番早い日程に決める。

「熱意」をさりげなくアピールするチャンス

自分から依頼した件で相手からスケジュールを提示された場合、その中で一番早い日程を選択すべきだ。

それが相手に対する敬意であり熱意である。

大人の社会ではそれが常識だ。

特に外せない用事があるわけでもないのに、検討を重ねてしまった挙げ句に提示されたスケジュールの最後を指定してくる人がいる。

実はここでもう勝負ありなのだ。

目上の人からスケジュールを提示されたら、即レスポンスで最初の日程を迷わず選択することだ。

これだけでチャンスを掴める可能性が飛躍的にアップする。

71

面接は、面接官の好き嫌いで一〇〇%決まる。

内定を獲得するための「決定打」とは

「就職の面接で落ちても人格を否定されたわけではない」とまことしやかに囁《ささや》かれている。

もちろんこれを鵜呑《うの》みにしてはいけない。

就職の面接の最終決定打は、何といっても面接官の好き嫌いである。

これが紛れもない事実である。

正確に言えば、採用の決定権がある人全員に好かれる必要はなく、たった一人でもいいから惚れ込ませれば内定が出る。

大切なことは記憶に残ることだ。

大嫌いと思われてもいいから憶えてもらえれば可能性はゼロではない。

どんなに優秀でも記憶に残らない人は選考に漏れる。

72

内定がもらえない者同士で、群れない。

就活が思うように進まないときに

恋愛と同じで、就活も結果が出ない者同士で群がっていてもロクなことはない。

負け犬同士で傷を舐《な》め合っていると虚しさが増すだけだ。

衝撃的な事実かもしれないが、モテる人はそのまま順調に大手企業やブランド企業に就職が決まっていくし、冴えない人はそれなりの結果になる。

就活とはそういうものだ。

イケてる人たちが集う会社はやっぱりイケてる学生を瞬時に見抜き、冴えない人を瞬時に敬遠する。

自分もイケてるグループに入るためには、まずは今いるグループから抜け出すことだ。

73

生涯賃金は、大好きな仕事を
選んだ人のほうが多くなる。

初任給の額に惑わされてはいけない

就活では見かけの初任給に騙されないように注意したい。

見かけの初任給が不自然に高い会社は、何か後ろめたい理由があるのだ。

初任給より遥《はる》かに大切なのは生涯賃金だ。

生涯賃金を増やす方法は大好きな仕事をとことん極めることだ。

好きな仕事だからこそ、道を究めて大成する可能性が広がる。

生涯賃金の多さで仕事を考えると、人生のスケールも最低三倍違ってくると考えていい。

74

面接やエントリーシートの
自己PRで、
自分の欠点を披露しない。

自己PRで「協調性」「責任感」「企画力」を出そうとしているキミへ

一〇〇〇人以上の学生の面接をしてきて感じたことは、自己PRの場面では自分の欠点をそっくりそのまま披露してしまう人が多いということだ。

よく出てくる長所の上位三つが「協調性」「責任感」「企画力」だが、それらにコンプレックスを持っている学生に限ってやたらと強調したがる。だいたい企画力のある人は、自分のことを企画力があるなんて言わないし、企画室じゃないと嫌だなどと言わない。

自分が一番向いていないものに対して人は憧れるものだ。

憧れではなく、問いに対する結論と実際の具体的なエピソードを話そう。

75

面接時の緊張の原因は
たったの二つ。
「自意識過剰」と
「準備不足」。

本番で力が発揮できず悔しい思いをしているなら

あなたは緊張の原因を考えたことがあるだろうか。

「生まれつき自分は緊張する性格だから面接に不利だ」という人は、生涯にわたって同じ言い訳を繰り返して人生を終えていくことになる。

緊張の理由はたったの二つ。

「自意識過剰」と「準備不足」だ。

「自意識過剰」というのは、実際の力以上に自分をよく見せようとする〝いやらしさ〟によるものだ。

「準備不足」というのは、最低これくらいは準備しなければならないという基準に達しない状態で本番に臨んでしまったことによる後ろめたさである。

76

服装で大切なのは
たったの二つ。
「クリーニング仕立て」と
「ピカピカの靴」。

着慣れないスーツがしっくりこないキミへ

就活では第一印象が大切だからと必要以上にファッションに注力することはない。

面接が始まっていざコミュニケーションを取り始めたら、ファッションの違いなんて一瞬で忘れ去られてしまう。

第一印象で大切なことは、不潔でないことと奇抜でないこと。

不潔なのは論外として、奇抜なのは自信のない田舎者の証拠だ。

スーツとワイシャツはクリーニング仕立てで、ズボンはプレスがかかって折り目が鮮明に付いていること。

靴は毎日ピカピカに磨き上げておけば十分だ。

77

面接で落ちたとき、
「自分は負けた」という
その事実を忘れない。

連続で内定がもらえずに落ち込んできたら

厳しい現実だが、内定をもらえない学生は何十社受けても一向に内定が出ない。

もしあなたがこれに属する場合、面接で落ちた原因をきちんと自分で理解できていることが重要だ。

「数撃てば当たる」「結局は運次第」「面接官とのフィーリング」という分析では、この先就活をいくら続けても時間と交通費の無駄に終わるだろう。

五社程度までなら慣れ不慣れもあるだろうが、一〇社以上連続で落とされ続けた場合は、必ずハッキリとした理由がそこにはある。

何事も、事実を受容することからしか出発できない。

78

大物に
見せようとすればするほど、
より小粒に見える。

面接官の前で空回りしないために

百戦錬磨の面接官たちなら、みんな知っている事実が一つある。

人は緊張した状態で評価を受けたい場合、本来の自分とすっかり逆の自分を演じてしまうということだ。

バカに限って利口に見られたがり、気の小さい人間に限って強く見られたがる。

第一印象とその人の本質は、たいてい逆であることが多い。

大物に見せようとすればするほどに、小粒に見えてしまうことに気づくことだ。

優秀な人は一目見てすぐにわかる。

背伸びしようとする必要もないから常に淡々としていて、口数も最小限だ。

79

「隣の人が話した内容について
どう思いますか?」に、
即答できる人が通る。

「話す内容」以外でも評価を得る人とは

人気企業だと集団面接になることも多いだろう。

その際に自分が話すことだけを一生懸命に考えて、他の学生の話をまったく聞いていない人は多い。

面接官は連日学生たちが何百人や何千人と似たような話をする中で、話す内容よりも他人の話を聞いている姿勢を観察していることが多い。

実際に話す内容はどれもこれも似たり寄ったりだが、話を聞く姿勢は序列をつけやすい。

集団面接では隣の人が話した内容を、あなたがより膨らますようにすると際立つ。

コミュニケーション能力の半分は、聞く姿勢だ。

80

これまで会った中で
一番優秀な人になりきると、
就活で必ず武器になる。

とにかく一社でも内定を確保しておきたいなら

就活には自己分析が大切だとかエントリーシートではここがポイントだとか、様々な情報が飛び交っている。

ところが、いくら自己分析を繰り返しても、エントリーシートを磨いても、通らない人というのはやっぱり通らない。

そんな人にとっておきの方法をプレゼントしたい。

あなたの今までの人生で一番優秀だった同級生もしくは尊敬する人を思い出してほしい。

その人になりきって就活してみるのだ。

その人だったらどんなエントリーシートを書いて、どのように面接官とコミュニケーションを取るだろうか。

人は就活を通して、
断られることの
痛みを学んでいく。

断られなければ、
人の心の痛みを理解できない。

人の心の痛みを
理解できなければ、
幸せにはなれない。

8章

進　路

これが、将来のための「布石」!

誰よりも
迷い続けた人が、
自分の路《みち》を拓いていける。

81

最初の就職は、おみくじと考える。

この就活で人生が決まると思うと眠れなくなるキミへ

初めて社会に出るのだから、不安で一杯になるのもよくわかる。

就職先がこれから一生を左右すると思うと、「こんな簡単に決めてしまってもいいのだろうか」と焦ってしまうかもしれない。

もちろん就活は、自分自身が納得いくまでやるべきだが、一方で、出た結果をありのまま受容することも大切である。

あまり大きな声では言いたがらないが、多くの成功者たちがポロリと本音を漏らしたことがある。

「最初の就職なんて、おみくじのようなものだった」と。

あのピーター・ドラッカーでさえ何度も転職している。

82

やりたいことが
まだ見えないのなら、
堂々とブランド企業を
目指せばいい。

どれも第一志望に思えてしまうとき

就活のカリスマ講師たちの中には「ブランドだけで会社を選ぶな！」と叫ぶ人もいるだろう。

そんなの気にする必要はない。

堂々とブランド企業を目指せばいい。

カリスマ講師たちは、ブランド企業に入社できる学生なんてごく一部だとわかっているから、あらかじめ美辞麗句を並べ立てて人気を維持しなければならない。

学生のために言っているのではなく、自分たちのために言っているのだ。

実際にはブランド企業に入社しておけば、転職する際はもちろんのこと独立する際にも何かとアドバンテージがある。

83

積極的に
大学院を目指すなら、
三度の飯より
勉強が好きであれ。

就活の厳しさで、大学院進学が頭に浮かぶとき

面接官から見たら、「就職できないから」という逃げの理由で大学院に進学した人は一目瞭然だ。

書類選考の段階でもすぐにわかる。

就活から逃げて進学した場合は、留年や浪人で二年間過ごしたのと同じもしくはそれ以下の評価を受けてしまうことを知っておいたほうがいい。

学歴ロンダリングでお化粧している人も手に取るようにわかる。

「ああ、逃げる人だな」「ごまかす人だな」と評価を下されている。

知らぬは本人たちだけだ。

ただ結果を延長しただけで、より厳しい二年後が待っていると考えよう。

84

迷ったら、
周囲が反対する就職先にする。

複数内定をもらって一つに決めかねているなら

内定を複数もらって、どこに入社を決めようか迷っている人がいる。

自分の中で最初からハッキリと優先順位があれば迷わないが、「どっちもどっち」「どちらも捨てがたい」場合は迷うだろう。

教授、両親、先輩、友人……と相談すればするほどにますます迷う。

あなたはそんな迷っている自分が好きなだけなのだ。

最初からあなたの心の中で答えはもう出ている。

〝周囲に賛成してくれる人が少ない〟会社が、あなたの本当に入りたい会社だ。

周囲に賛成してもらえないにもかかわらず迷っているのだから。

85

いったん入社を決めたら、
悪い評判は
いっさい気にしなくていい。

入社先の悪い噂を耳にしてしまったら

内定をもらった時にはあれだけ嬉しかったのに、時間が経てば経つほど様々な情報が集まってきて不安になってくる。

「本当にこの会社でよかったのだろうか」と考えると夜も眠れなくなってくる。

これはあなただけでなく、誰もが全員経験することだから一切心配する必要はない。

「内定をもらえない人の悩みに比べたら、なんて贅沢な悩みなのだ」と感謝を忘れている自分に気づかされるはずだ。

どんな会社にも悪い評判は存在する。

それらはすべてやっかみだと考えて一切気にしないことだ。

86

ブラック企業ほど、
人間観察眼を磨くのに
最高の環境はない。

こんな「入社目的」があっても問題ない

ブラック企業の経営者ほど、世間では称賛を浴びていたりする。

従業員を安月給で馬車馬の如く働かせて利益を捻出し、毎年高収益を出し続けているからだろうか。

もしそんなブラック企業に入社が決まったら、あなたの就職のテーマを変えてみることだ。

たとえば「三年で会社のビジネスモデルを吸収しよう」「組織の核心にまで接近してみよう」といったように。

ブラック企業には充実した労働環境や高い給料を期待するのではなく、それ以外の目に見えない知恵を根こそぎ持ち帰るのだ。

87

自分には
これといった才能がない
と思うなら、
「スピード」か「量」で勝負する。

新人のうちから頭角を現すにはどうするか

将来抜きん出たいと思っているのであれば、今から「スピード」か「量」のいずれか一方だけを圧倒的にすることだ。

「スピード」に関しては、今週中と言われたら翌朝一番までに提出することを目標にする。

「量」に関しては、アイデアを一〇個出せと言われたら一〇〇個出すことを目標にする。

これを心掛けているだけで、社会人一年目から確実に突出することができる。

「スピード」か「量」のいずれか一方の力がつけば、「スピード」も「量」も両方獲得できている。

そして、それが結果として質に転化していく。

88

必ず成功する
魔法の言葉はないが、
必ず落ちぶれる
悪魔の言葉ならある。

成功者たちがよく使うポジティブワードを知りたいなら

成功者たちには、いろんなパターンの人がいた。

楽観的なタイプが多いかと思えば、悲観的なタイプも少なくない。

有言実行タイプの人もいれば、不言実行タイプの人もいた。

ハッキリしているのは、成功者たちは自分の特性を見事に活かしていたということだった。

ある人にとって成功する魔法の言葉は、別の人が別の時間に別の場所で使っても、とんだ失敗に終わることがある。

反対に、貧しくなる悪魔の言葉なら簡単に見つかる。

あなたの周囲で貧しい人がよく口にしている。

「どうせ」「だって」「でも」がそれだ。

89

叶えたい夢があるのなら、
それを映像化して
ニヤニヤする。

ほしいものは、まず頭の中で手に入れる

強烈にイメージすると、夢はそのまま実現するというのは本当だろうか。

本当だ。

正確に言うと、細部に至るまで鮮明にイメージできれば実現する。

現在の私のプロフィールの原点は、学生時代につくったものに遡《さかのぼ》る。

学生時代につくったイメージを社会人になってもリニューアルし続け、経営コンサルティング会社へ転職する直前に完成させた。

毎日持ち歩いたボロボロのその紙には「損害保険会社」「経営コンサルティング会社」「独立」「出版」といったキーワードがすべて出てくる。

今の生活は「幸せ」というより「懐かしい」というのが正直な気持ちだ。

90

レールから外れたところに、
あなただけの
エリートコースが待っている。

定められたレールから外れないことばかり考えているなら

学校の先生や両親からは、定められたレールの上から一度でも外れた人生を歩むと、その先には地獄が待っているよと教えられてきた。

だからレールから外れないようにと、必死になって勉強して必死になって就活する。

しかし、社会人になって、それは間違いであることに気づくのだ。

実際にはレールの上を走り続ける人たちが地獄のような人生を歩んでいて、レールから外れた人たちがまるで天国にいるような幸せに満ちた顔をしている。

死んでから天国と地獄があるのではなく、生きている間が天国と地獄そのものなのだ。

91

本当は嫌いなことなのに、
間違って成功し続けたら
毎日が地獄の人生になる。

人生の本当の幸せって何だろうかと真剣に考えたら

コンサルティング会社時代、「幸せな人生とは何か」とクライアントの社長に尋ねられたことがある。

私は「月曜日の朝が待ち遠しくなる人生だ」と即答した。

その会社の入社案内の表紙に、それがそのまま採用された。

一番不幸な人生というのは、失敗続きの人生ではない。

本当は嫌いなことなのに、間違って成功し続けてしまう人生が一番不幸だ。

嫌いなことで成功してしまったから、毎日その嫌いなことで人生が埋め尽くされていく。

なまじっか頭がよくて器用な人ほど不幸になるのはこうした理由だ。

92

最初の一社目は、
社会人としての礎《いしずえ》の
すべての基準になる。

不本意な就職になりそうなときに

就活が不本意に終わったのであれば、最初から転職を視野に入れておくのも悪くはない。

転職なんて珍しくもなんともないから、やりたいことがあればどんどん転職すればいい。

私自身も転職経験者だが、最高の経験だった。

もう一度生まれ変わっても、転職を経験したい。

ただ忘れないほうがいいのは、仮に不本意ながら入社した会社でも最初の会社というのが、あなたの社会人生活の礎となることだ。

それは、たとえ一年で辞めてしまったとしても同じだ。

これは不思議なことだが、誰もが口を揃える共通の体験談でもある。

あれだけ遠回りしたのに、
振り返ればそれが最短コース。

9章

別　れ　自分を急成長させるために必要なこと

幸せを掴むには、「出逢い」と「別れ」の両方が必要。

93

「別れ」は相談して決めない。
あなた一人で決める。

答えが既に出ている相談はしない

好きでもないのにダラダラつき合っていると自分で気づいたら、さっさと別れよう。

人生における時間の無駄遣いだ。

「そうはいっても相手が納得してくれない」というのは嘘だ。

別れるか否かは、一〇〇%あなたが一人で決めることであって、相手と相談して決めることではない。

相手が納得してくれないから別れることができないというのは、実はあなたが相手に未練がある証拠なのだ。

本当はそうやっていつまでもグズグズしている自分が好きなのだ。

こうして運命の人との出逢いをどんどん失っていく。

94

別れ話を持ちかけられたら、
ジタバタせず
正面から受け止める。

ショックに強い人になるために必要なこととは

今つき合っている大好きな相手にいきなり別れ話を持ちかけられたら、誰でもショックだ。

この時「いったい自分のどこに非があるのか？　悪いところがあったらすべて直すから」と、しがみつくと余計に嫌われる。

一〇〇％復縁することはできない。

もし一％の可能性に賭けてみたいのなら、相手がキョトンとするくらいにあっさりと正面から別れ話を受け止めることだ。

「え!?　こんなにあっさり別れてくれるなんて今まで愛してくれていなかったのでは？」と思わせるくらいでいい。

少なくとも相手の記憶には刻まれる。

95

自分が誇りの持てない大学だったら、堂々と再受験したほうがいい。

第一志望の大学に入れなかったのが、引っかかっているキミへ

「大学なんてどこも一緒。入ってから勉強すればいい」というのは一般論であって、あなたにとっての正解とは限らない。

もしあなたが入学後にどうしても自分の大学に誇りが持てず、無気力になって友人もつくる気になれなかったとしよう。

「本当はもっといい大学に入りたかった」と周囲を見下しながら過ごしても、永遠に友人はできない。

本気で人生を変えたいのなら、即刻休学して再受験すべきだ。

人生の正解は自分で決めるのだ。

死に際に「やっておけばよかったな」と思うほど悲しい人生はない。

96

去る者は、いっさい追いかけなくていい。

別れがあるのは、成長した証拠

友人が去っていくのは誰でも辛い。
ここで追いかけてしまうと、より嫌われる。
より嫌われるから、ますます追いかけて問い詰めてしまい絶縁される。
こんな悪循環から脱出すべきだ。
相手が去って行ったのは、すべて正しい。
すべての人間関係は、敬意をベースとしたバランスによって保たれている。
相手が去って行ったのは、バランスが崩れて居心地が悪くなったからだ。
別れの理由には二つしかない。
一つはあなたが成長したこと。もう一つは相手が成長したこと。
どちらかが成長したのだ。

97

第一印象に力を入れる
半分でいいから、
別れ際にエネルギーを注ぐ。

なぜか良い印象を持たれる人の秘密

あらゆる人物や書物によって第一印象の重要性が説かれてきた。

もちろん第一印象は大切だ。

ただ、第一印象の大切さを必死になって説いている人は誰かというと、たいていはマナー研修の講師だったりする。

初対面の相手に嫌悪感を抱かせない程度の清潔さや挨拶などができれば、やはり結局は内容と別れ際が勝負なのだ。

それどころか、第一印象はあまり完璧過ぎないほうがいい。

別れ際の好感度が高ければ、そのギャップが評価を高めるからだ。

別れ際、感じがよい人は、もう一度会いたいと思える。

98

友人や恋人と
長続きしないのは、
「ごめんなさい」が
言えないから。

友人や恋人づくりの「新規開拓」に忙しくしているキミへ

人脈づくりが大切だと言って、いつも「新規開拓」で忙しくしている人たちがいる。

この人たちが社会人になって成功することはない。

人生の最後まで新規開拓に時間を割き続けなければならなくなってしまうからだ。

新規開拓をし続けなければならない理由は、たった一つ。

「ごめんなさい」が言えないからだ。

「ごめんなさい」が言えない人は、人脈がどんどん途切れていくから永遠に新規開拓し続けなければならない。

「ごめんなさい」が言える人は、人脈が途切れずに長続きするから新規開拓の必要がない。

99

相手から
理不尽な切られ方をしたら、
一〇年後の立場は
逆転している。

新たな出逢いの前触れとは

友人も恋人もすべての人間関係において、理不尽な別れ方を経験した人は将来必ず成功する。

より上質な出逢いがあるために必要な別れだったのだ。

だから腹を立てたり恨んだりする必要は一切ない。

理不尽な人間関係の切られ方をしたら、今までその人と費やしてきた時間がポッカリ空くから自由が一気に増えるだろう。

天から自由のプレゼントをしてもらったと考えて、その時間をふんだんに使って自分に磨きをかけるのだ。

間もなく今まで出逢ったことのないステージの出逢いがあなたに訪れるだろう。

100

我慢してつき合っている人と
別れたら、
急に物事が上手く進み始める。

急成長をもたらしてくれる「別れの力」

自分の時間が確保できないと、人は成長できない。

人は群がっている間に成長するのではなくて、群れから外れて一人になった間に成長する。

だから社会人になって群がっている人ほど年収とポジションが低く、一人で行動している人ほど年収とポジションが高い。

就職活動で見事な結果を出したり、起業して成功したりするのは、学生時代から一人の時間をとても大切にして自分を磨いてきた結果だ。

一人の時間を確保するためには、どうでもいい人とのつき合いを断ってみることだ。

第一志望と別れないと、
第一志望とは永遠に出逢えない。

大学時代に経験しておきたい
たった二つのこと。

第一志望に告白して
フラれておくこと。

将来、その第一志望を
後悔させると決めること。

「大学時代《だいがくじだい》」
自分《じぶん》のために絶対《ぜったい》やっておきたいこと

著　者――千田琢哉（せんだ・たくや）

発行者――押鐘太陽

発行所――株式会社三笠書房

〒102-0072 東京都千代田区飯田橋3-3-1
電話：(03)5226-5734（営業部）
　　：(03)5226-5731（編集部）
http://www.mikasashobo.co.jp

印　刷――誠宏印刷

製　本――宮田製本

編集責任者　長澤義文
ISBN978-4-8379-2415-9 C0030